AF672690

Luise Maria Ruhdorfer:

Kärntner Passionsspiele

Inhaltsverzeichnis

Vorwort der Autorin .... Seite 5

Vorläufertexte .... Seite 6

Mittelalterliche Passionsspiele im Alpenraum .... Seite 8
Neuzeitliche Passionsspiele im Alpenraum .... Seite 10

Das Metnitzer Christi-Leiden-Spiel 1912 .... Seite 12
Das Sörger Christi-Leiden-Spiel 1920 .... Seite 15

Die Köstenberger Passionskomödie 1818 .... Seite 18
Das Linder Christi-Leiden-Spiel 1889 .... Seite 21
Das St. Stefaner Christi-Leiden-Spiel 1931 .... Seite 24

BILDMATERIAL .... Seite 28

Das Tresdorfer „Kreuzziachn" .... Seite 32

Die Krastaler Passionsoper .... Seite 36
Das Ledenitzener Passionssingen .... Seite 37
Das Arnoldsteiner Mysterienspiel .... Seite 38
Die Dölsacher Apostel-Passion .... Seite 39

Bio-Bibliographie der Autorin .... Seite 40

Luise Maria Ruhdorfer

Kärntner Passionsspiele

Bibliografische Information der Deutschen Nationalbibliothek:

Die Deutsche Nationalbibliothek verzeichnet diese Publikation in der Deutschen Nationalbibliografie; detaillierte bibliografische Daten sind im Internet über http://dnb.ddb.de abrufbar.

ISBN 978-3-96103-380-5

Copyright (2018) Rediroma-Verlag

Alle Rechte beim Autor

www.rediroma-verlag.de

Euro 12,95 (D)

Vorwort der Autorin

Ich beschäftige mich seit dem Jahre 2000 intensiv mit den Kärntner Passionsspielen und habe darüber bereits drei Bücher veröffentlicht, ein viertes ist im Entstehen und erscheint noch im Jahre 2018. Da die darin enthaltenen Inhalte hauptsächlich wissenschaftlicher Natur sind, gebe ich hiermit ein allgemein verständliches Büchlein heraus. Die näheren Ausführungen und genauen Literaturhinweise können den vier oben erwähnten Büchern entnommen werden.

Das Bild auf der Buchvorderseite zeigt den Christus-Darsteller beim Mysterienspiel auf der Burg Arnoldstein am 23.8. 2015. Auf der Buchrückseite sind die Darsteller der Gottesmutter Maria und des Apostels Johannes abgebildet. Beide Fotos stammen von meiner Tochter Elisabeth Biasio. Das Bildmaterial im Inneren dieses Büchleins stammt von mir.

Dr. phil. Luise Maria Ruhdorfer
Höflinger Straße 15
A-9584 Finkenstein, Österreich
Handy: 0043-664-1202852
e-Mail: luise.ruhdorfer@gmx.at

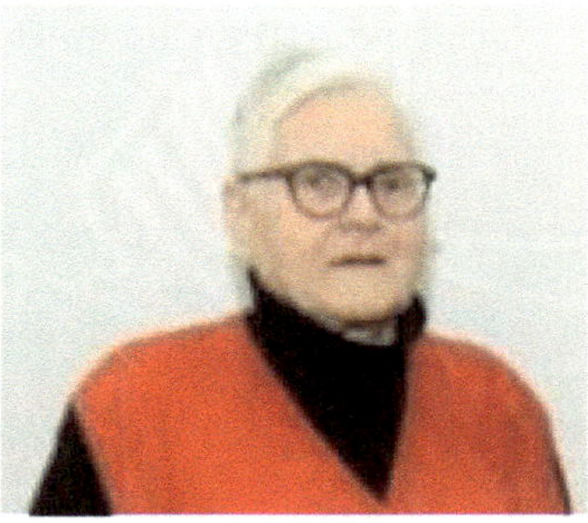

13.3.2018

Vorläufertexte

Die sieben letzten Worte Jesu am Kreuz sind aus den Evangelien in der Bibel überliefert. Sie waren daher den Priestern bereits im Mittelalter in Latein bekannt und ab der Reformation hatten auch die gläubigen Christen in Deutsch (1635 durch Martin Luther) und Slowenisch (1650 durch Primus Truber) Zugang zu den Glaubenswahrheiten.

An liturgischen Texten waren den christlichen Gläubigen im gesamten Alpen-Adria-Raum also zumindest Ausschnitte aus den Evangelien und damit Jesu Leben, seine Wunder, seine Leidensgeschichte und sein Sterben bekannt.

Neben der römisch-katholischen Liturgie in der Karwoche entstanden Passionslieder und eine Sammlung von Heiligenlegenden (1282) von Pater Jakobus de Voragine, das Christi-Leben-Buch (1677) des Pater Martin von Cochem sowie das Große Leben-Christi-Buch (1846) des Caspar Erhard.

Volksschriftsteller haben aus solchen Erbauungsbüchern die Marienpassion in Deutsch oder in Slowenisch gestaltet. Andreas Schuster, vulgo Drabosenig, in Köstenberg, verfasste 1811 seine „Marijin pasijon“ in slowenischen Reimen.

Auf ähnliche Weise entstand auch die Eisenkappler Passionskomödie, die am Gründonnerstag bei Tag und am Abend sowie am Ostermontag aufgeführt wurde. Sie ist ein dramatisierter Ausschnitt aus dem Matthäus-Evangelium, wobei die Sprache dem Volksgebrauch angepasst ist. Diese Passionskomödie wurde Mitte des 19. Jahrhunderts, dann vermutlich 1899 sowie 1937 aufgeführt, letztmalig jedoch 1950. Es gab eine Abschrift aus dem Jahre 1816, die auf eine ältere Handschrift auf handgeschöpftem Papier vermutlich aus der Zeit zwischen 1771 und 1815 zurückgeht, welche von Stefan Singer 1899 entdeckt und gekauft wurde.[1] Auszüge aus diesem 2016 von Erich Prunč veröffentlichten Spiel wurden 2017 in Bad Eisenkappel unter der Regie des dortigen Pfarrers Polde Zunder auf einer Bühne aufgeführt, wobei die Akteure durchwegs in Schwarz gekleidet waren.

Bedeutend waren auch die Theateraufführungen der Jesuiten in Klagenfurt, die sie mit ihren Schülern zur Zeit der Gegenreformation und im Barock einstudierten und in ihrer Lateinschule, in Kirchen und auf offenen Plätzen aufführten. Kirchliche und weltliche Verbote verlagerten die Spiele aus den Städten in die Märkte und Dörfer.[2]

---

[1] Vgl. Maria Pollanz: Das Eisenkappler Passionsspiel. Diplomarbeit, Universität Graz, 1992. – 2016 veröffentlichten Erich Prunč, Matija Ogris und andere Wissenschafter darüber eine eingehende Studie in Slowenisch. Titel: Kapelski pasijon: Komedija ... – Aus meinem Buch „Geboren zum Leiden und Sterben“, 2015, S. 12 ff. u. 34 ff.

[2] Vgl. Leopold Kretzenbacher: Passionsbrauch und Christi-Leiden-Spiel in den Südost-Alpenländern. Salzburg: Otto Müller Verlag, 1952, S. 25.

Mittelalterliche Passionsspiele im Alpenraum

Da die römisch-katholische Kirche im Mittelalter der breiten Masse des Gottesvolkes die Verkündigung der Erlösungszusage in der jeweiligen Landessprache vorenthielt, entwickelten sich aus der Liturgie geistliche Spiele, unter Anderem auch Passionsspiele, die von deutschen Bergknappen nach St. Veit an der Glan mitgebracht wurden und sich von dort ab ungefähr 1600 ins Metnitz-, Gurk- und Glantal ausbreiteten.

Im 10. Jahrhundert entstand aus dem Messritus nach dem Eingangslied ein Spiel aus dem Evangelienbericht über den Besuch der drei Frauen am leeren Grabe Christi und daraus entwickelten sich die Osterspiele. Diese wurden im 14. Jahrhundert als Passionsspiel auf den Marktplatz verlegt oder im gesamten Ort als Passionsprozession abgehalten.

Das Passionsspiel entstand im deutschen Sprachraum in Benediktbeuren vor 1250, in Wien vor 1350, in Hall in Tirol 1434 und in Bozen 1476, in Frankfurt 1493, in Augsburg um 1500, in Zürich 1545, in Villach 1534, in Padua 1244 und in Mailand 1475. Es umfasst die Heilsgeschichte des Alten und Neuen Testaments und lebte von der Dynamik zwischen Spieler und Zuschauer, zumal es keine fixen Zuschauerplätze gab.

Die Passionsprozession entstand im 15. Jahrhundert in Florenz, wo man während der Prozession balladenartige Lieder szenisch darstellte. Diese Art wurde von Ordensleuten im Norden Tirols und ab 1721 in Škofja Loka in Slowenien verbreitet. Die ursprüngliche Passionsprozession wurde 1999 von 13 auf 20 Szenen erweitert und 2000, 2009 und 2015 nacheinander auf vier Plätzen der Stadt gespielt, wobei auch die Farben der Tragen und Wagen sowie der zahlreichen mitmarschierenden Korporationen einen gewissen Interpretationsspielraum suggerieren. Hauptmotivation ist die feierlich zur Schau getragene Buße der Mitwirkenden, die sich auf die Zuschauer übertragen soll, die auf fixen Tribünen dem Geschehen beiwohnen.

Im Gegensatz zu diesem Buß-Spektakel mit vielen hundert Mitwirkenden und einem umfangreichen Text steht die stumme Passionsprozession, die andere Mönche aus dem Süden Tirols als „Kreuzziehen" in die angrenzenden Kärntner Täler brachten, wovon jedoch nur noch das „Kreuzziachn" in Tresdorf im Mölltal alljährlich abgehalten wird. (Siehe weiter unten.)

Eine Mischform zwischen Passionsspiel und Passionsprozession ist das Christi-Leiden-Spiel in Kärnten, das sich aus einem Bühnen- und einem Kreuzwegteil zusammensetzt und außer der für Österreich typischen Figur des Teufels noch den Tod (Smrt/die Tödin) in die Handlung einbezieht.[3] (Siehe weiter unten.)

---

[3] Aus meinem Buch „Das St. Stefaner Passionsspiel", 2007, S. 9 ff.

Neuzeitliche Passionsspiele im Alpenraum

Als eigentliches Passionsspiel bezeichnet man ein vorwiegend in Reimen abgefasstes Spiel auf einer fixen Bühne auf einem Platz oder in einem Festspielhaus, wie etwa in Oberammergau, Erl in Tirol und St. Margarethen im Burgenland, das kommerziell beworben sowie von einem professionellen Regisseur geleitet und interpretiert wird, zumeist nur wenige bis keine Anachronismen aufweist und in dem nicht-biblische Figuren je nach Dafürhalten des Regisseurs beziehungsweise Bühnenbildners auftreten, wobei das Publikum auf fixen Rängen sitzt. An diese Tradition knüpften die Krastaler Passionsoper und die Apostel-Passion in Dölsach an. (Siehe weiter unten.)

Dann gibt es die schon erwähnte stumme Passionsprozession in Tresdorf. (Siehe weiter unten.)

Das Christi-Leiden-Spiel trägt nach wie vor folgende Merkmale: Es ist zweiteilig, das heißt dass der erste Teil bis zu Jesu Verurteilung auf einer Simultanbühne im Ort gespielt wurde, während der zweite Teil die Kreuzwegprozession hinaus aus dem Dorf auf einen Hügel und die dortige Kreuzigung umfassen. Hier kommen in beiden Landessprachen zahlreiche allegorische Figuren vor, wie zum Beispiel der Schäfer und die Schäferin sowie der Tod beziehungsweise die Tödin. Es treten auch Teufel und Engel auf und es passieren immer wieder eklatante Anachronismen. Es wurden Lieder gesungen, es gab aber keine Musik, und die Laiendarsteller spielten zur Ehre Gottes, zur Erbauung der Mitmenschen und zum eigenen Seelenheil, wie Silvester Wietinger aus Metnitz den Sinn der Christi-Leiden-Spiele formulierte.

Eine kontinuierliche Spieltradition gab es in Metnitz, im Gurktal und im Glantal, wo in Sörg und in anderen Dörfern rund um Feldkirchen Laienaufführungen stattfanden. Von dort breitete sich das deutschsprachige Christi-Leiden-Spiel auch nach Köstenberg aus, es wurde dort aber nur im Jahre 1936 gespielt. Schon im Jahre 1818 veröffentlichte der dortige Bauerndichter Andreas Schuster, vulgo Drabosenig in Oberjeserz ob Velden, eine slowenische Passionskomödie im Köstenberger Dialekt, die in der Folge zur Spielvorlage für mehrere Theatergruppen wurde, wie zum Beispiel für jene in Köstenberg, Lind ob Velden und in der Pfarre St. Stefan bei Finkenstein.[4]

Daran knüpfen die Krastaler Passionsoper, das Ledenitzener Passionssingen, das Arnoldsteiner Mysterienspiel und die Dölsacher Apostel-Passion an. (Siehe weiter unten).

---

[4] Aus meinem Buch „Das St. Stefaner Passionsspiel“, 2007, S. 19.

Das Metnitzer Christi-Leiden-Spiel 1912

In Metnitz fanden Aufführungen des Christi-Leiden-Spieles in den Jahren 1863 und 1868, 1902, 1912 und 1928 statt, wobei in den letzten drei Spielsaisonen Silvester Wietinger (1865-1948) Spielleiter war, der für die Aufführungen im Jahre 1912 auch ein eigenes Christi-Leiden-Spiel verfasste. Silvester Wietinger hinterließ außerdem Rollenbücher, Liederbücher, Spielerverzeichnisse und eine Spielchronik sowie ein gedrucktes Festspiel-Programm. Ferner gab es Platzkarten, und seine Spieler wurden in 270 Fotos dokumentiert. Es gibt noch Handschriften, Fotos, Kostüme und Requisiten, die im Metnitzer Brauchtumsmuseum ausgestellt sind.

Das sowohl vom Umfang und seinem Inhalt sowie von seiner künstlerischen Ausformung nach gelungenste Kärntner Christi-Leiden-Spiel in Deutsch ist jenes vom Metnitzer Silvester Wietinger aus dem Jahre 1911. Er erweiterte das Vorgängerspiel und orientierte sich dabei an Texten aus der Steiermark, aus Niederösterreich und Tirol. Sein Spiel ist fast durchgehend gereimt und lehnt sich sehr an die damalige Kärntner Hochsprache an. Es weist neben einem Paradeisspiel als Vorspiel auch die Auferstehung auf. Es enthält 4.345 Verszeilen als Rollenspiel und 1.447 Verszeilen an Liedern, also 5.792 Gesamtverse. Das Spiel ist in 32 Akte gegliedert, wobei das

Vorspiel und das eigentliche Spiel bis zum Abendmahl und der Fußwaschung am Vormittag und das restliche Spiel samt Schäferszene und Auferstehung am Nachmittag desselben Tages zum Besten gegeben wurden. Abweichend von den Bibeltexten sticht hervor, dass die Fußwaschung erst nach dem Abendmahl stattfindet. Von den Liedern sind besonders das Wächter-, Grab- und Auferstehungslied anzuführen.

> Der falsche Judas Iskariot
> Verratet Christus zum Tod,
> Betrachtet den Schmerz Maria schon,
> Als sie Abschied nimmt von ihrem Sohn.
> Mit ihm will sie leiden und auch sterben,
> Und für uns Gottes Huld erwerben,
> Betrachtet, wie Christus in einem Saal
> Mit seinen Jüngern hält das letzte Abendmahl,
> Und uns zum Heil, vor seinem End,
> Hat eingesetzt das heiligste Sakrament,
> Christus darauf auf den Ölberg geht,
> Dort verrichtet er ein dreifaches Gebet.
> Ach weh, unsere Sünden machen ihm so heiß,
> Er schwitzt dort einen blutigen Schweiß.
> Er fällt darauf in Ohnmacht hin,
> Ein Engel kommt und stärket ihn.

In seiner Chronik führt Silvester Wietinger an, dass er vom 21. bis 26. Juni 1910 bei den Aufführungen in Oberammergau war und er listet darin auch das Spielgeschehen in Metnitz in den Jahren 1912 und 1928 ganz genau auf.[5]

---

[5] Aus meinen Büchern „Verurteilt zum Tod am Kreuz“, 2012, S. 20, S. 24 f., S. 29, S. 36 f., S. 85 ff (Verse 27-39) und „Geboren zum Leiden und Sterben“, 2015, S. 19 ff., S. 143 ff.

Wie man den Matrikeln der Pfarre Metnitz im Internet entnehmen kann, wurde Silvester Wietinger am 31. Dezember 1865 beim vulgo Lagler in Preining als unehelicher Sohn der ledigen Magd Luzia Dielacher geboren. Sein Vater war der Knecht Georg Wietinger. Dieser hat seine Vaterschaftserklärung am 6. Dezember 1866 eintragen lassen. Silvesters Eltern haben am 7. Februar 1876 geheiratet. Er selbst hat am 23. November 1903 Maria Grabner geheiratet. Damals war er schon Zimmermann und er wohnte beim vulgo Unteren Dörfler in Teichl Nr. 31. Seine Braut war dort Wirtschafterin. Durch diese Eheschließung wurden ihre unehelichen Kinder legitimiert. Silvester Wietinger ist am 21. September 1948 gestorben.[6]

In meinem vierten Buch zum Thema Passionsspiele dokumentiere ich auch das Metnitzer Vorgängerspiel aus dem Jahre 1902, das mit 48 Rollen ausgekommen ist. Davon ist auch das Spielerverzeichnis erhalten. Silvester Wietinger korrespondierte mit dem Volkskundler Pater Romuald Pramberger vom Stift St. Lambrecht in der Steiermark. Und so kommt es, dass alle Volksschauspiele aus Metnitz und dem benachbarten Passionsspielort Ingolsthal im Grazer Universalmuseum Joanneum in drei umfangreichen Bänden aufbewahrt werden.

---

[6] Aus meinem Buch „France Kotnik und Romuald Pramberger“, (2018, S. 11 f.)

Das Sörger Christi-Leiden-Spiel 1920

In der Umgebung von Feldkirchen in Kärnten wurden in Glanhofen im 19. Jahrhundert, 1890 und 1920 Christi-Leiden-Spiele aufgeführt. In Sörg wurde auch im 19. Jahrhundert, und zwar vor 1876, sowie 1906 gespielt. In Obermühlbach fand die letzte Aufführung im Jahre 1933 und auf der Wegscheide im Jahre 1938 statt. Handschriften dazu sind bekannt für die Spiele in Glanhofen von 1890, für jene in Sörg von 1876 und 1906. In Glanhofen wurde 1920 das Metnitzer Christi-Leiden-Spiel des Silvester Wietinger aufgeführt, das er 1911 verfasst hatte.

In Maltschach schrieb dann Josef Spiess im Jahre 1920 ein eigenes Christi-Leiden-Spiel mit dem Titel „Vorstellung des bitteren Leidens und Sterbens Jesu Christi". Dieser Text endet mit der Grablegung Jesu. Diese Spiess-Passion wurde zu Ostern 1921 aufgeführt. Es ist aber nicht überliefert, in welchem Ort in der Nähe von Feldkirchen gespielt wurde. Zum Spiess-Text 1920 ist die gesamte Darstellerliste überliefert, woraus hervorgeht, dass Josef Spiess die Jesus-Rolle verkörperte, während jedoch der Bürgermeister von Glanhofen, Gregor Lorber, der Spielleiter war. Ignaz Lorber, vulgo Lopitsch in Stocklitz, besaß die Vorläuferhandschrift zur Spiess-Passion aus dem Jahre 1761.

Verzeichnis der beim Passionsspiel auftretenden Personen
unter der Spielleitung von Herrn Gregor Lorber,
Bürgermeister von Glanhofen.
Rolle, Name, Beruf und Wohnort.
Christus, Josef Spieß, Landwirt in Maltschach.
Johannes, Alois Spieß jun., Knaßweg.
Petrus, Tod, Luzifer, Longinus, Mathias Fercher, Sattlermeister in Glanhofen.
Jakobus der Ältere, Alois Kraft.
Philippus und Falsut, Josef Torker, beim vulgo Jusner in Höfling.
Thaddäus und Mendax, Gregor Torker, vulgo Taml in Leiten.
Simon, 1. Jude, Josef Ostermann, Zimmermann in Adriach.
Andreas, Dolax, Engelbert Roth, vulgo Hasslauer junior in Naßweg.
Bartholomäus, Frandolo, Nikodemus, 3. Teufel, Michl Lokantschitsch, vulgo Kölbl junior in Eberdorf.
Jakobus der Jüngere, Malchus, Simandl, Andreas Tiffner, vulgo Jußner in Höfling.
Judas, Freimann, Andreas Tiffner, vulgo Jußner in Höfling.
Paulus, Roboam, Christof Hopfgartner, Gastwirt vulgo Lukele in Glan.
Thomas, 2. Mörder, Viktor Wohlgemuth, Besitzer in Höfling.
Herodes, Hausvater, Thomas Wadelnig, Gemeindesekretär in Sittich.
Annas, Franz Janschitz, vulgo Marksteiner in Markstein.
Kaiphas, Josef Pozewaunig, Schmiedmeister in Kallitsch. ...
Maria, Eva Winkler, Moosburg.
Magdalena, Frieda Edlinger, Moosburg.
Martha, Elise Zelsacher, Maltschach.
Schäferin, Engel, Tini Guggenbichler, Moosburg.
Veronika, Judenmagd, Mitzi Adlaßnig, Maltschach.
Souffleur, Josef Berger, Knaßweg.

Dieses Spiess-Spiel umfasst nur 3.034 Verszeilen, ist im Glantaler Dialekt verfasst und weist auch derbe Ausdrücke auf. Es beginnt mit einem kurzen Prolog des Engels. Einige Lieder sind in die Handlung integriert. Es gibt im Spiess-Spiel eine sehr interessante Abweichung von der Bibel. Hier tritt der Apostel Paulus auf, während Matthäus fehlt. Die zwölf Apostel waren: Andreas, Bartholomäus, Judas, Jakobus der Ältere, Jakobus der Jüngere, Johannes, Matthäus, Petrus, Philippus, Simon, Thaddäus und Thomas. Paulus bekehrte sich erst nach Jesu Tod, er wurde also nicht von Jesus direkt als Apostel berufen, sodass er zum Beispiel beim Abendmahl gar nicht dabei gewesen sein konnte. Dieses Christi-Leiden-Spiel weist 60 Spielrollen aus. Silvester Wietinger hatte die Anzahl der in Metnitz beteiligten Personen im Jahre 1912 auf 76 Laiendarsteller erhöht. Das alte Metnitzer Spiel von 1902 geht jedoch auf ein Christi-Leiden-Spiel aus dem Jahre 1800 zurück.[7]

Joseph Caspar Spieß wurde gemäß den Matrikeln der Pfarre Klein St. Veit am 4. Jänner 1895 beim vulgo Kölbl in Maltschach Nr. 1 als ehelicher Sohn des Alois Spieß und der Theresia geboren. Er heiratete am 21. November 1921 Elfriede Edlinger in Moosburg und schloss am 30. Dezember 1941 in Klagenfurt die 2. Ehe. Josef Spieß ist am 25. März 1976 gestorben. Sein Vater Alois war Besitzer beim vulgo Kölbl, Steiner und Klimbacher in Maltschach.[8]

---

[7] Aus meinen Büchern „Verurteilt zum Tod am Kreuz“, 2012, S. 21, S. 25, S. 29 f., S. 208 ff. und „Geboren zum Leiden und Sterben“, 2015, S. 21 f.

[8] Aus meinem Buch „France Kotnik und Romuald Pramberger“, (2018, S. 9 f.)

Die Köstenberger Passionskomödie 1818

In Köstenberg fanden slowenische Aufführungen in den Jahren 1826 bis 1933, dann 1982, 1983 und zuletzt 1990 statt. Die slowenische Handschrift des Andreas Schuster (1768-1825), vulgo Drabosenig in Oberjeserz ob Velden, aus dem Jahre 1818 ist verschollen. Es gibt Abschriften von Janez Schöfman aus dem Jahre 1841, Anton Unikar aus dem Jahre 1854, Janez Tepan aus dem Jahre 1881, Tomaž Aichholzer aus dem Jahre 1888[9] sowie von Magdalena Kokot aus dem Jahre 1922[10].

Herta Maurer-Lausegger bezieht sich in ihrer kommentierten Ausgabe von 1989 sowohl auf die Abschrift des Janez Schöfman von 1841 als auch auf jene des Anton Unikar von 1854, wobei sie sich dabei für eine Vereinheitlichung des alten Köstenberger Dialektes entschieden hat.[11]

Andreas Schuster gründete in Köstenberg eine Spielergemeinschaft, die er auch leitete, er erlebte aber die Aufführung seiner Passionskomödie nicht mehr. Die „Komedija od zeliga grenkiga terplenja ino smerti Jezusa Kristusa …“ (Komödie vom ganzen bitteren Leiden und Tod Jesu Christi) ist die

---

[9] Vgl. Niko Kuret: Igra o Kristusovem trpljenju, Ljubljana, 1937, S. 104.

[10] Vgl. Magdalena Kokot: Andrej Šuster-Drabosnjak, Pasijon, Faksimile, 1983.

[11] Vgl. Herta (Maurer-)Lausegger: PASIJON, 1989.

slowenische Übersetzung eines deutschen Christi-Leiden-Spieles aus dem Glantal. Andreas Schuster verwendete dazu den Köstenberger Dialekt und verfasste sie in Reimen. Die erste Aufführung fand 1826 vor dem Stadel beim vulgo Schwan in Überfeld nahe Köstenberg statt, wo die offene Tenne als „pinja“ (Bühne) für den ersten Teil des Spieles diente, bevor sich die Laienschauspieler und die Zuschauer auf den Kreuzweg begaben, der zum sogenannten „Kalvarienberg“ führte, auf dem Christus gekreuzigt wurde. Andreas Schuster veröffentlichte auch eine Schrift über das slowenische Abc, ein Spiel vom Verlorenen Sohn, die Marienpassion 1811 und ein Hirtenspiel 1814.

Dieses Köstenberger Christi-Leiden-Spiel enthält ein Vorspiel von Christus als Schäfer oder dem Guten Hirten und von der menschlichen Seele als Schäferin oder Hirtin. Zwei Räuber überfallen Christus, was auf seinen gewaltsamen Tod hinweist. Auch die allegorischen Figuren der Tödin und des Teufels sind in diesem Spiel vorhanden, sie wurden aber bei der Inszenierung in den Jahren 1982 und 1983 als nicht-biblische Elemente weggelassen. Die Köstenberger Tradition wird im Volkskundemuseum in Köstenberg und im Museum in Ravne na Koroškem in Slowenien dokumentiert.

Die Abschrift aus dem Jahre 1841 umfasst 80 kopierte Seiten im Format DIN A3. Sie enthält kein Vorspiel, sondern beginnt mit einer kurzen Vorrede des Verfassers über den Zweck dieses Spieles und geht dann sofort zum Spiel über, das mit je einem Monolog der Tödin beziehungsweise des Judas und der Beratung der Pharisäer anfängt. Dies ist als erster Akt besonders gekennzeichnet, worauf der zweite Akt mit dem Rat bei Kaiphas beginnt. Dann verfließen die Auftritte mit den Regieanweisungen, alles ist in Slowenisch geschrieben. Mehrere Lieder sind in die Handlung eingeflochten. Die Handschrift umfasst ungefähr 2.160 Verszeilen.[12]

Aus den Matrikeln der Pfarre Köstenberg und Damtschach ist ersichtlich, dass Andreas Schuster am 6. Mai 1768 beim vulgo Drabosenig in Oberjeserz bei Velden als Sohn des Peter Schuster und der Magdalena, geborene Karpniggin, geboren wurde und in der Pfarrkirche St. Georgen am Sternberg getauft wurde. Er heiratete am 23. September 1793 Agnes Ogris und er starb am 22. Dezember 1825 als armer durchreisender Tagelöhner in Umberg Nr. 9.[13]

---

[12] Aus meinen Büchern „Das St. Stefaner Passionsspiel", 2007, S. 21 ff., S. 41 f., S. 142 f., „Verurteilt zum Tod am Kreuz", 2012, S. 16, S.19 f., S. 23 f. und „Geboren zum Leiden und Sterben, 2015, S. 22 ff., S. 311 f.

[13] Aus meinem Buch „France Kotnik und Romuald Pramberger, (2018, S. 10 f.) – Siehe auch Veröffentlichungen von Pavle Zablatnik, Herbert Paulitsch und France Kotnik.

Das Linder Christi-Leiden-Spiel 1889

Nach dem Köstenberger Christi-Leiden-Spiel orientierten sich mehrere Spielergemeinschaften, so auch jene in Emmersdorf bei Lind ob Velden, die in den Jahren 1888, 1889 und 1892 bis 1894 zu Hause und auswärts das Christi-Leiden-Spiel zum Besten gab. Die 1850 vom zuständigen Ministerium genehmigte Aufführung wurde 1896 vom Gurker Erzbischöflichen Ordinariat, von der Bezirkshauptmannschaft und vom Bezirksgericht Villach verboten, weil sie unflätige Ausdrücke enthielt und auch sonst nicht den Aussagen in den Evangelien der Bibel entsprach.[14]

Eine entsprechende Handschrift wurde von Josef Uran im Jahre 1889 verfasst. Sie enthält 116 Seiten, ist jedoch ohne Titelblatt. France Kotnik berichtet ausführlich von diesem Spiel, und zwar über die zweigeteilte Bühne, über die zwei Kulissen, über den Chor, über das Spiel an sich und über die Besonderheiten in den Kostümen der Spieler.[15]

> Den guten Hirten spielte der Herr Weiß, ein Knecht aus Selpritsch, der auch eine der Apostelrollen verkörperte. Die Schäferin spielte eine Bauerntochter, die Rolle der Maria eine Bäuerin. Die Schäferin spielte auch die Martha. Die Rolle der Tödin und des Judas spielte Miklavž Klement. Besonders

---

[14] Vgl. Sonja Koschier: Lipa. Eine Kulturgeschichte von Lind ob Velden. … Diplomarbeit. Universität für Musik und darstellende Kunst Graz, 2001, S. 36 ff.

[15] Vgl. France Kotnik: Nekaj črtic ... Dom in svet, 1912, S. 16 f.

gelang ihm die Judas-Rolle. Das Publikum lachte bei einigen Passagen des Judas, er aber wandte sich ihnen zu und sagte, dass sie ruhig bleiben sollen, weil die Handlung ernst und nichts Lustiges dabei sei. Als Tödin imponierte Miklavž Klement durch seine pathetische Stimme. Der Spielleiter, Herr Rumpolt, hatte die Rolle des Petrus und des Hohepriesters inne. Schlechter spielte der Hauptmann, der als Soldat sehr ungelenk war. Wenn man aber die Ausbildung der Spieler berücksichtigt, muss man sagen, dass alle ihre Aufgabe gut gelöst haben. ...
Irgendein Bauer spielte die Christusrolle wirklich hervorragend, ich kenne seinen Namen nicht, dieser Mann imponiert schon durch seine äußerliche Erscheinung, durch seine schmächtige Gestalt und seinen natürlich schönen, schwarzen Bart.[16]

Das Linder Spiel des Josef Uran von 1889 ist in wunderschöner Handschrift in schwarzer und roter Tinte wiedergegeben, die Regieanweisungen sind auch in Slowenisch gestaltet. Es sind einige Lieder in das Spiel integriert. Das Spiel umfasst insgesamt 2.340 Verse. Im Jahre 1890 umfasste die Emmersdorfer Spielergemeinschaft 32 Laienspieler.

Der erste Räuber *spricht folgendermaßen*:
Was soll ich nur erfinden,
um einen Kameraden zu finden?
Ich will mit ihm darüber ein Gespräch führen,
Wie ich meine Finanzen kann wieder auffüllen.
Der zweite Räuber kommt zu ihm und spricht.
Der zweite Räuber:
Es ist Recht, dass wir uns hier treffen,
Dass wir über fehlendes Geld sprechen.
Ich habe gestern eine Frau überfallen,
Ich habe aber von ihr keinen einzigen Groschen erhalten.

---

[16] Aus meinem Buch „Verurteilt zum Tod am Kreuz“, 2012, S. 28 f. Von der Autorin aus dem Slowenischen ins Deutsche übersetzt.

Der erste Räuber:
Mein Freund, verzage nicht, wir werden schon zu Geld kommen,
Wenn wir es nur schlau genug anstellen wollen.
Gehen wir hin zum nahen Weg,
Dort laufen uns arme und reiche Leute über den Weg,
Dort werden wir schon einen Kerl vorfinden,
Den wir gehörig ausrauben und überwinden.
Beide gehen nun ab.
Der Hirte kommt und singt. Dann erschießen sie den Beraubten, sodass er niederfällt, worauf sie zu ihm hinspringen.[17]

In Emmersdorf wurde 1887 mit Hilfe des damaligen Pfarrers und Gelehrten Johann Marinič[18] ein Verein zur Aufführung der Drabosenig-Passion aus Köstenberg gegründet, der sich aber bald wieder aufgelöst hat. Am 9. und 16. April 1905 wurde die Passion wieder aufgeführt. Der Reinerlös kam zum Teil der Pfarre Lind ob Velden zu Gute. Eintritt zehn Kronen.[19]

Josef Uran wurde am 10. Juli 1845 in St. Martin am Techelsberg als Sohn des Orgelbauers Anton Uran und der Katharina Laan geboren. Er heiratete dort am 20. Mai 1872 Maria Bürger, war Tischler in Lind ob Velden und übersiedelte nach Reifnitz, wo er 1898 ein Christi-Geburt-Spiel verfasste.[20]

---

[17] Aus meinem Buch „Verurteilt zum Tod am Kreuz“, 2012, S. 25 f. (Verse 1-14). Von der Autorin aus dem Slowenischen ins Deutsche übersetzt.

[18] Vgl. Sonja Koschier: Lipa. … Musik-Universität Graz, 2001, S. 113 f.

[19] Aus meinen Büchern „Das St. Stefaner Passionsspiel“, 2007, S. 21, „Verurteilt zum Tod am Kreuz“, 2012, S. 17, S. 20, S. 24 und „Geboren zum Leiden und Sterben“, 2015, S. 24 ff., S. 72 ff., S. 312 f.

[20] Matrikeln der Pfarren St. Martin am Techelsberg und Lind ob Velden. – Aus meinem Buch „France Kotnik und Romuald Pramberger“, (2018, S. 11.)

Das St. Stefaner Christi-Leiden-Spiel 1931

Ebenso wie die Spielergemeinschaft in Emmersdorf bei Lind ob Velden zuerst die Köstenberger Passionskomödie des Andreas Schuster aufführte und auch in anderen Orten in Kärnten gastierte, verhielt es sich auch in der Pfarrgemeinde St. Stefan bei Finkenstein, wo ab 1860 auf dem Kanzianiberg, dann in Mallestig und Höfling und in den Jahren 1894, 1905, 1911 in St. Stefan gespielt wurde. Der Reingewinn des Spieles in Höfling 1919 wurde für die Errichtung des Kriegerdenkmals in St. Stefan (jetzt am Kirchenplatz in Finkenstein) verwendet.

Das 1895 von Johann Graber (1845-1912) verfasste Christi-Leiden-Spiel gilt als verschollen. Er war Spielleiter in den Jahren 1894, 1905 und 1911, als man gegenüber dem Gasthof Graber in einem Hof eine hölzerne Bühne errichtete.

> Der Hauptmann bläst ins Horn und der Zug setzt sich in Bewegung. An der Spitze schreitet in großen Schritten die Tödin, die in ihrer rechten Hand den Pfeil hält, in der linken aber die Sanduhr. Nach ihr reitet der Hauptmann, der seinerzeit bei den Dragonern im kaiserlichen Heer gedient hatte, mit der Fahne. Früher einmal war auch die Tödin auf einem alten weißen Pferd gesessen. Die jetzigen Pferde aber sind angeblich zu scheu und fürchten sich vor der Tödin! Auch andere Jerusalemer Würdenträger, die mit der Verurteilug des Erlösers zu tun hatten, sind zu Pferde. Der Hohepriester trägt sogar eine Brille. Vor Christus, der das schwere Kreuz trägt, schreiten die beiden Schächer.[21]

---

[21] Aus meinem Buch „Verurteilt zum Tod am Kreuz“, 2012, S. 34. Von der Autorin aus dem Slowenischen ins Deutsche übersetzt.

Im Jahre 1931 wurde in St. Stefan bei Finkenstein beim vulgo Erian, dem späteren Geburtshaus der Autorin, damals im Besitz ihrer Großmutter, im Hof das slowenische Christi-Leiden-Spiel des Edmund Müller (1896-1944) aufgeführt. Es umfasst 2.552 Verszeilen in wunderschöner Handschrift, in schwarzer und roter Tinte, mit Regieanweisungen in Deutsch. Nach Berichten der damaligen Martha konnte die Autorin ein teilweises Spielerverzeichnis rekonstruieren. Einmalig ist jedoch, dass Edmund Müller für das Spiel von 1931 ein Regieblatt verfasste.

> Mit zehn Fuhrwerken wurden die 49 Spieler zu den Gastspielen befördert. Die Fuhrwerke stellten vulgo Martintsch (Höfling, 5 Spieler), Edmund Müller, vulgo Mirtl, (St. Stefan, 5 Spieler), vulgo Gegneritsch (St. Stefan, 6 Spieler), Herr Gastl (St. Stefan, 6 Spieler), Friedi (2 Fuhrwerke, 12 Spieler), Herr Tomaschitz, vulgo Deutschmühle (St. Stefan, kein Fuhrwerk), vulgo Lederer (St. Stefan, 3 Spieler), vulgo Wiegltsch (Mallestig, 6 Spieler) und vulgo Nont (Mallestig, 6 Spieler) zur Verfügung; zwei sonstige Spieler fuhren mit dem Rad dahin.
> Die Fuhrleute waren: Herr Frank, vulgo Martintsch, aus Höfling; der Spielleiter Edmund Müller, vulgo Mirtl, aus St. Stefan; Herr Hochkofler, vulgo Gegneritsch, aus St. Stefan; Herr Gastl, vulgo Schmied, aus St. Stefan; Herr Friedi; Herr Donesch, vulgo Lederer, aus St. Stefan; ein Herr vulgo Wiegltsch, aus Mallestig; Herr Gallob, vulgo Nont, aus Mallestig.
> Die sechs Kassiere, die sich offenbar abwechselten, waren: Oschgan H., Irgl, Katernik, Michič, Gregar, Toni W., Glaser, Merlin, Lenzi, David, Lukan Mirti und Lukan Valti.[22]
> Insgesamt waren also 61 Spieler unterwegs, nämlich 49 Spieler, 6 Kassiere, 4 Fuhrleute und 2 Sonstige.

---

[22] Aus meinem Buch „Verurteilt zum Tod am Kreuz“, 2012, S. 35 f. Angaben am Regieblatt von der Autorin interpretiert.

Müllers Spiel ist im örtlichen slowenischen Dialekt des Villacher Beckens abgefasst, es weist über 60 Spielrollen auf und beinhaltet nach einem kurzen Prolog des Schäfers oder Guten Hirten und der Schäferin ein Spiel ohne Abweichungen von der Bibel, wohl aber mit den allegorischen Figuren der Tödin und der Seele des Judas. Es reicht ebenso wie das Linder Spiel des Josef Uran bis zur Grablegung Jesu und ist auch in zwei Teile gegliedert. In St. Stefan fand die Kreuzigung am Prangušče, am ehemaligen Fronleichnamsweg, am heutigen Würtz-Hügel, statt.

Die Tödin:
Ich kann damit sogar mächtig angeben,
dass alle Leute unter meinem Kommando stehen,
alle lade ich in mein Haus ein,
Verzeihung ist nicht die Sache mein.
Beseht euch nur alle meine Augen,
so werdet auch ihr einmal ausschauen.
Ich bin die Tödin fürwahr,
Ihr müsst alle sterben, das ist klar.
Ihr seid alle Adams Kinderlein,
ihr werdet meine Gärbelein,
ich werde euch ernten,
von der Erde fort nehmen.
Ich mag weder Güter noch Geld,
mit mir müsst ihr von dieser Welt.
Eine treue Dienerin Gottes bin ich allezeit,
das sag ich euch, jetzt wisst ihr Bescheid,
schaut, dass ihr fromm lebt
und euren Feinden vergebt.[23]

---

[23] Aus meinem Buch „Verurteilt zum Tod am Kreuz“, 2012, S. 277 f. Von der Autorin aus dem Slowenischen ins Deutsche übersetzt.

Die Autorin hat ihre Diplomarbeit über dieses St. Stefaner Christi-Leiden-Spiel 2002 an der Universität Klagenfurt eingereicht und darüber 2007 im Hermagoras Verlag ihr erstes Buch veröffentlicht. Nachdem in obigem Buch viele interessante Zitate in Slowenisch abgedruckt sind, hat sie diese im Buch „Verurteilt zum Tod am Kreuz" und auch obiges Spiel ins Deutsche übersetzt (S. 274 ff.). Von den Kindern des Edmund Müller bekam sie dessen Handschrift geliehen, die sie in Farbe und in Schwarz-Weiß kopieren ließ und von Hans Unterweger senior den Original-Würfel geschenkt.[24]

Johann Graber wurde am 8. März 1845 als Sohn der Agnes Graber und des Bartholomäus Lepuschitz in St. Stefan in der vulgo Lepuschitz-Keusche geboren. Er starb am 8. Juni 1912. Edmund Müller wurde am 19. November 1896 als Sohn des Georg Müller und der Katharina Valentinitsch beim vulgo Kramer in St. Stefan geboren. Er heiratete am 26. September 1926 Anna, geborene Trießnig, eine vulgo Wirt-Tochter aus Latschach. Er ist am 21. Jänner 1944 gestorben.[25]

---

[24] Aus meinen Büchern „Das St. Stefaner Passionsspiel", 2007, S. 22 ff., S. 43 ff., S. 60 f., S. 65, S. 69, S. 79, S. 82 ff., S. 92 ff., S. 145 ff., S. 157 ff., S. 165 ff., „Verurteilt zum Tod am Kreuz", 2012, S. 17, S. 21, S. 24 ff., S. 35 f., S. 40 ff., S. 274 ff. und „Geboren zum Leiden und Sterben", S. 26 ff., S. 313 ff.

[25] Aus meinem Buch „France Kotnik und Romuald Pramberger", (2018, S. 8 f.) – Siehe Matrikeln der Pfarre St. Stefan bei Finkenstein.

BILDMATERIAL

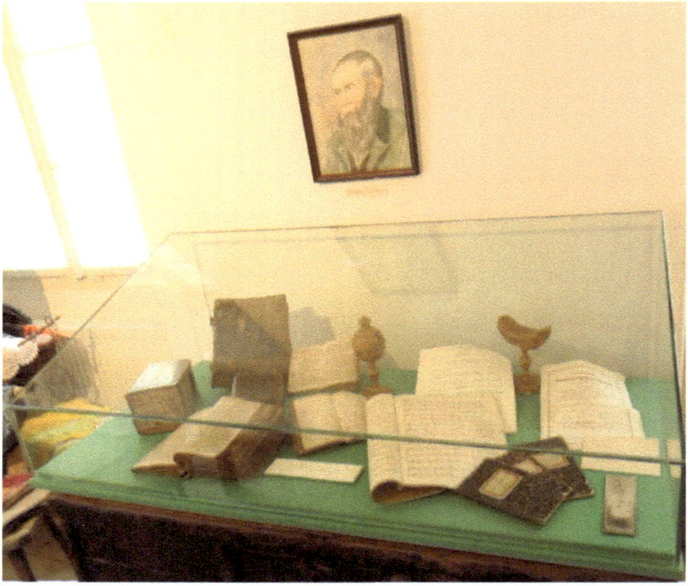

Silvester Wietinger, Metnitzer Christi-Leiden-Spiele 1912 und 1928, Bild, Schriften, Requisiten, Brauchtumsmuseum Metnitz, 21.5.2012.

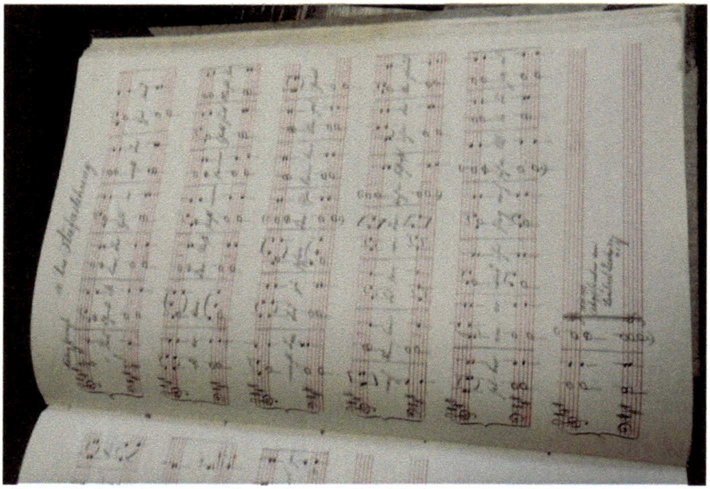

Andreas Schwaiger, Auferstehungslied, Metnitzer Christi-Leiden-Spiel 1912, Pramberger Handschrift, Joanneum Graz, Volkskunde, 2.8.2011.

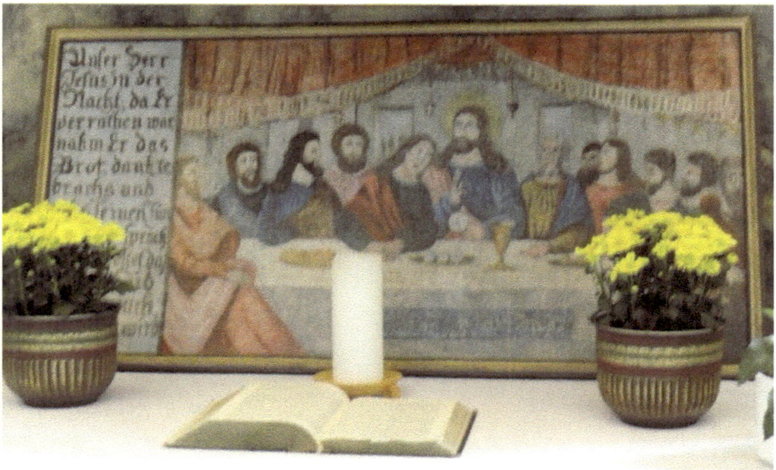

Letztes Abendmahl, Bild auf dem Altar,
altes evangelisches Bethaus, Fresach, 7.9.2011.

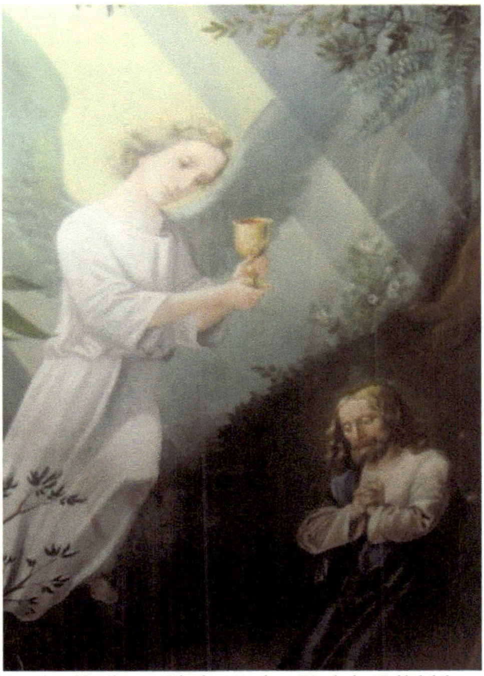

Engel offenbart Christus den Kelch, Bild hinter
dem Altar, Pfarrkirche Rosegg, 21.4.2014.

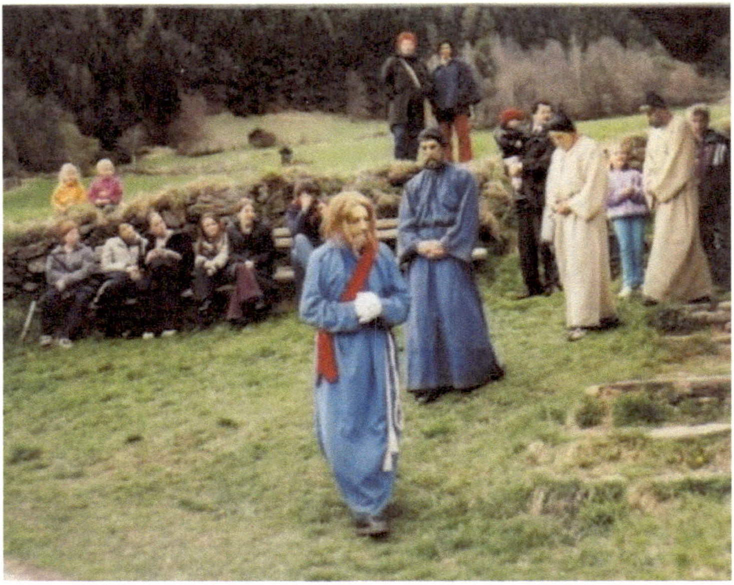

Christus und seine drei Jünger umrunden die Kirche,
„Kreuzziachn“, Tresdorf, Gründonnerstag, 12.4.2001.

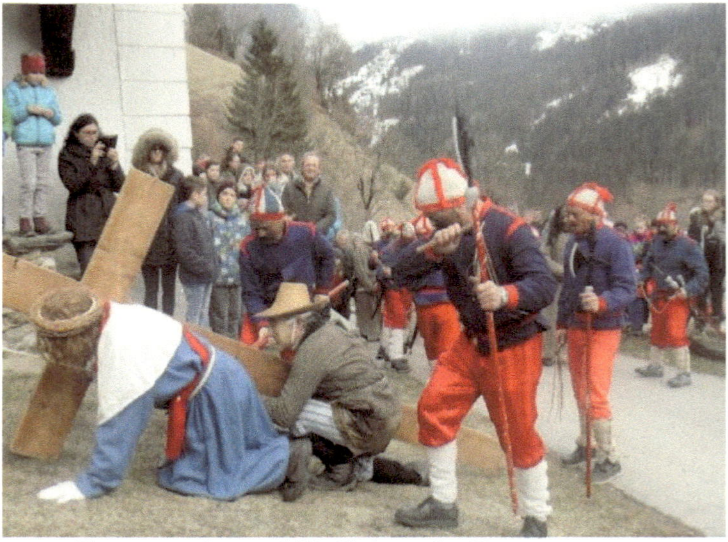

Simon von Cyrene hilft Christus das Kreuz zu tragen,
„Kreuzziachn“, Tresdorf, Karfreitag, 31.3.2018.

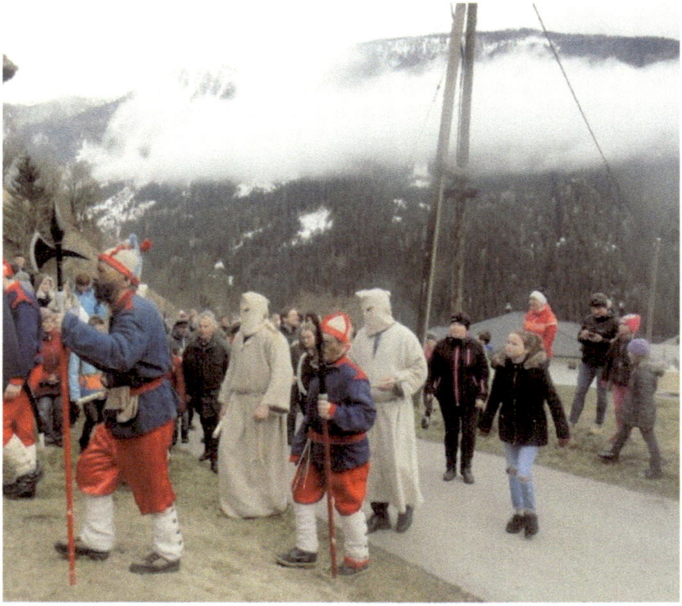

Soldaten und Henker, Einzug in die Kirche, „Kreuzziachn", Tresdorf, Karfreitag, 30.3.2018.

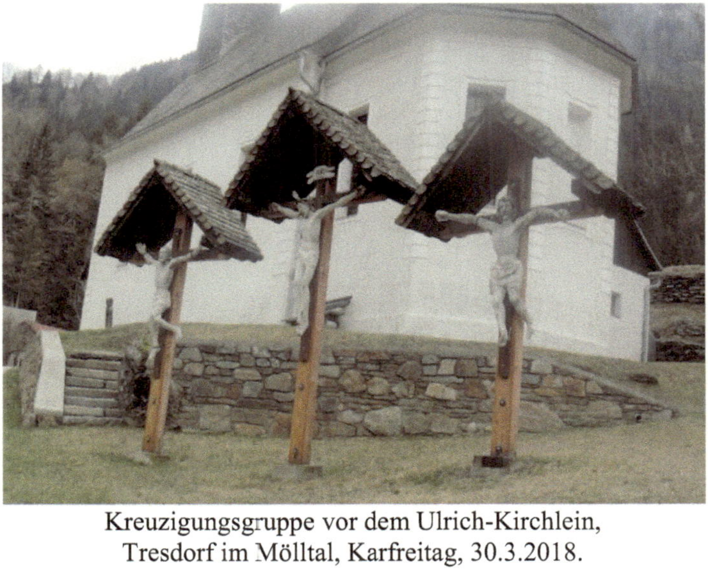

Kreuzigungsgruppe vor dem Ulrich-Kirchlein, Tresdorf im Mölltal, Karfreitag, 30.3.2018.

Das Tresdorfer „Kreuzziachn“

Franz Golger, geboren am 23. Mai 1935, Landwirt beim vulgo Krassnig in Tresdorf Nr. 27, Gemeinde Rangersdorf, Pfarre Stall im Mölltal, war von 1976 bis 1997 Bürgermeister von Rangersdorf, Kommandant der Freiwilligen Feuerwehr, Sänger und Mitglied des Österreichischen Kameradschaftsbundes sowie jahrzehntelang Spielleiter und Christusdarsteller beim Tresdorfer „Kreuzziachn“ (Kreuzziehen). Er starb am 13. März 2018. Im Jahre 2001 war er noch alleiniger Spielleiter und Christusdarsteller. In den Jahren danach teilte er sich mit seinem Sohn Franz, Lehrer und mittlerweile Leiter der Volksschule Stall im Mölltal, die Rolle am Gründonnerstag und Karfreitag. Auch Franz Golgers gleichnamiger Vater wirkte jahrzehntelang am „Kreuzziachn“ mit.

Der Ort Tresdorf (Treßdorf/Tressdorf) liegt im Mölltal in der Gemeinde Rangersdorf. Die Gebäude befinden sich nahe am dortigen Gebirgsbach, der schon jahrzehntelang verbaut ist. Entlang dieses Baches befinden sich am Steilhang kleine gemauerte Kreuzwegstationen, die oben an einer Kreuzigungsgruppe östlich der Kirche zum heiligen Ulrich enden. In einigem Abstand befindet sich darüber eine neue Talsperre mit einem hohen Damm gegen Westen. Also ist es naheliegend, dass die Dorfbevölkerung vor vielen Jahrhunderten ein Gelübde abgelegt hat, die Passionsprozession jährlich aufzuführen, damit sie von Hochwasser und wohl auch von Epidemien verschont bleibt.

Diese Art von stummer Passionsprozession entwickelte sich Anfang des 17. Jahrhunderts während der Gegenreformation aus den von den Kapuzinern im Süden Tirols durchgeführten „Kreuzzieher"-Prozessionen, die sich in weiterer Folge auch im Drautal und in dessen Seitentälern, dem Möll- und dem Lesach- sowie dem Gailtal verbreiteten. Obwohl die Passionsspiele unter Kaiserin Maria Theresia und Kaiser Joseph II. mehrmals verboten und Klöster zugesperrt wurden, blieb das „Kreuzziachn" in Tresdorf dennoch bis heute aktiv erhalten.

Christus, Petrus, Jakobus der Ältere und Johannes tragen je ein langes Gewand, die Schriftgelehrten hohepriesterliche Roben, Judas, Barabbas und die beiden Schächer naturfarbene Gewänder aus grobgewebtem Leinen. Die Soldaten tragen Uniformen, nämlich einen blauen Rock, eine rote Hose und darüber weiße Gamaschen. Diese Farbzusammenstellung dürfte auf die napoleonische Zeit Anfang des 19. Jahrhunderts zurückzuführen sein. Außerdem tragen die Soldaten bunte Mützen in Helmform. Alle Darsteller tragen Masken, zum Teil aus Lindenholz, alle tragen Perücken und/oder Mützen oder eine andere Kopfbedeckung, Simon von Cyrene einen Strohhut und einen hellen

Rock, Christus trägt weiße Handschuhe, eine rote Schärpe und ab der Dornenkrönung einen weißen Schulterumhang. Die Henker tragen weiße geschlossene Spitzkapuzengewänder mit Atmungs- und Seeschlitzen.

Die Darsteller sind mit Hellebarden, mit der Schriftrolle zur Verurteilung, Judas mit dem Geldbeutel, die Soldaten mit Geißeln und der Dornenkrone, Christus mit dem großen Holzkreuz ausgestattet. Der Engel tritt in einem weißen Kleid auf, er hat Flügel und bringt den Kelch. Alle Rollen werden von Männern dargestellt, nur der Engel nicht. Die Hauptrollen sind meist erblich, die anderen werden von Fall zu Fall vergeben, Proben sind nicht notwendig.

Der Text beschränkt sich auf kurze Aussagen während der Verurteilung Christi.

Die Darsteller beginnen ihren Zug am Gründonnerstag am späten Nachmittag bei der Krassnigmühle. Zuerst kommt Christus mit den vier Jüngern den Berg herauf, sie umrunden dreimal die Kirche, dann kommt Judas mit den Schergen nach und verrät Christus, worauf alle in die Kirche ziehen, wo Christus am Ölberg betet und seine Jünger dreimal aufweckt. Ein Engel reicht Christus den Kelch, dann wird Christus vor dem Kircheneingang von den Hohepriestern verleumdet, vom Volk verschmäht und durch Pilatus verurteilt, Barabbas aber freigelassen. Schließlich wird Christus am Marterpfahl gegeißelt und mit Dornen gekrönt, worauf sich die Passionsprozession wieder hinunter zur Krassnigmühle begibt, nur Judas und Barabbas sind schon vorher weggelaufen.

Am Karfreitag startet das „Kreuzziachn“ um dieselbe Zeit am selben Ort. Vorher kommt aber Simon von Cyrene allein den Berg herauf, denn er muss ein bisschen abseits der Kirche den Weidezaun richten. Dann kommen der Schriftgelehrte mit der Kreuzesinschrift und die Soldaten mit dem gefangenen Christus, der das Kreuz auf seiner rechten Schulter mühsam den Berghang heraufzieht. Ihm folgen die Meute der Soldaten mit den beiden Schächern und die drei Henker. Christus fällt vor der Kirche dreimal unter dem Kreuz, Simon von Cyrene hilft ihm das Kreuz zu tragen. In der Kirche kniet Christus vor dem Altar nieder, die anderen Darsteller stehen im Altarraum. Die Gläubigen beten den schmerzhaften Rosenkranz und den Engel des Herrn. Danach umrunden alle Darsteller den Altar und verlassen den Kirchenraum. Draußen formiert sich der Zug wieder, und Christus zieht als Gefangener das Kreuz auf seiner rechten Schulter zurück hinunter zur Krassnigmühle.[26]

[26] Aus meinem Buch „France Kotnik und Romuald Pramberger“. Remscheid (D): Rediroma Verlag, (erscheint noch 2018), Text S. 14 ff., Bildmaterial S. 13.

Die Krastaler Passionsoper

Im Krastal wurden die „Gegendtaler Spiele“ im Sommer 2009 und 2013 mit einem überwiegend neuen Text im derzeitigen Gegendtaler Dialekt mit vielen alten Liedern und einer Musikkapelle aufgeführt. Die Spielergemeinschaft aus den drei vorwiegend evangelischen Gemeinden Treffen, Arriach und Afritz betont, dass es sich dabei um das jüngste Kärntner Passionsspiel handelt. Es konnten aber Textzusammenhänge zu Metnitz 1911 und Sörg 1920 nachgewiesen werden, denn die Fußwaschung fand nach dem Abendmahl statt und der Apostel Petrus verwendete beim Verleugnen Christi genau die gleichen Worte.[27] Der Christus-Darsteller war ein Zimmermann.

Den neuen Text verfasste Gerhard Reichmann, die Kompositionen stammen von Franz Einöder und Hans Peter Stinnig, der auch das Orchester leitete. Ein gemischter Chor fungierte als Stimme des Volkes, es gab aber auch viele Lieder, die Solistenqualität erforderten. Und die Landespolitiker wurden feierlich begrüßt, Gerhard Reichmann hielt die Ansprachen.[28] Am 31. März 2012 wurde die Gegendtaler Passion in Fresach szenisch gesungen.

---

[27] Aus meinem Buch „Geboren zum Leiden und Sterben“, 2015, S. 28, S. 315.

[28] Siehe http://kaernten.orf.at/neues/stories/2595912/, 27.04.2018, 23:40 Uhr.

Das Ledenitzener Passionssingen

Der slowenische Kulturverein Jepa–Baško jezero (Mittagskogel-Faaker See) veranstaltete unter der Leitung seiner Obfrau Anica Lesjak-Ressmann in der neuen Aufbahrungshalle in Ledenitzen am 8. März 2008 die Präsentation meines Buches zu meiner Diplomarbeit („Das St. Stefaner Passionsspiel“, 2007). Der von ihr geleitete gemischte Chor skupina akzent umrahmte die Veranstaltung durch Passionslieder in mehreren Sprachen. Mitglieder des Chores lasen Textausschnitte aus dem genannten slowenischen St. Stefaner Christi-Leiden-Spiel des Edmund Müller aus dem Jahre 1931. Der Latschacher Historiker Simon Trießnig las damals aus der Christus-Rolle vor.

Derselbe Chor veranstaltete am genannten Ort am 31. März 2010 ein mehrsprachiges Passionssingen[29] in langen Gewändern, die an die biblische Zeit anknüpften, an dem auch die Mezzosopranistin Bernarda Fink-Inzko mitwirkte. Regie führte Alexander Tolmaier. Mit diesem Programm gastierte der Chor auch bei Freunden im Jauntal.

[29] Aus meinem Buch „Geboren zum Leiden und Sterben“, 2015, S. 28, S. 315.

Das Arnoldsteiner Mysterienspiel

Die Autorin schenkte Ilona M. Wulff-Lübbert die Farbkopien des St. Stefaner Christi-Leiden-Spieles des Eduard Müller von 1931, den Original-Würfel samt einer neueren Nachbildung und die deutsche Übersetzung des Spieles aus dem Buch „Verurteilt zum Tod am Kreuz“ (2012, S. 274 ff.).

Ilona M. Wulff-Lübbert, die Leiterin der Musicalcompany Klagenfurt und ehrenamtliche Leiterin der „kfb/Katholischen Frauenbewegung“ Kärnten verdichtete diese deutsche Übersetzung zu der „Passion – ein christliches Schauspiel über das Mysterium des Jesus von Nazareth.“ Das mir vorliegende Libretto ist mit dem „18. April 2014“ datiert. Dieses Mysterienspiel in deutscher Schriftsprache kann sowohl im Freien mit großer Besetzung als auch im sakralen Raum mit kleinem Ensemble gespielt werden, wobei das Zusammenwirken von professionellen Schauspielern mit Laiendarstellern und Personen aus dem Volk gewollt ist. Die allegorischen Figuren der Tödin und des Luzifer setzen die alte Tradition der Kärntner Christi-Leiden-Spiele fort. Aufführungen dieses Mysterienspieles fanden auf der Klosterruine Arnoldstein ab 21. August 2015 und in verschiedenen Kirchen ab 11. März 2016 statt.[30]

[30] Aus meinem Buch „Die Finkensteiner Vulgonamen …“, 2016, S. 7 ff., S. 146 ff.

Die Dölsacher Apostel-Passion

Vom 24. März bis 13. April 2017 wurde im Museum Aguntum Stadt in Dölsach ein Passionsspiel aufgeführt, das ich als Apostel-Passion bezeichne, weil es aus der Sicht des Apostels Lukas gestaltet wurde. Dazu wurde das Museum mit einer imposanten Bühne versehen, auf der rechten Seite sahen die Zuschauer Pilatus, also Rom, und auf der linken Seite Herodes, also Judäa. Es gab keine Fußwaschung und es wurden keine Kulissen geschleppt. Regisseur: Alfred Meschnigg.

Der Text war nicht gereimt, die Darsteller trugen einfache historische Gewänder, alle waren im Sprechen besonders geschult und es gab eine gelungene Musik-Hintermalung und Beleuchtungstechnik. Ungefähr 75 Personen spielten mit.

Es gibt bei dieser Apostel-Passion keinerlei Interpretationsspielraum, was den eigentlichen Christi-Leiden-Spielen als Volksschauspielen widerspricht.

Das Spiel war bis ins kleinste Detail effizient organisiert. Beginn: 20 Uhr. Dauer 2 Stunden 15 Minuten. Wohltuend ist, dass es keine Ansprachen gab. Es ist eine interessante Ergänzung zu den Passionsspielen in Erl und Oberammergau.[31]

---

[31] Vorstellungsbesuch am 30. März 2017. Alfred Meschnigg leitete um 1950 ein Christi-Leiden-Spiel in Fürnitz, Gemeinde Finkenstein. – Siehe http://www.theaterwerkstatt_doelsach.com, 27.04.2018, 22:50 Uhr.

Bio-Bibliographie der Autorin

Luise Maria Ruhdorfer wurde 1944 in St. Stefan bei Finkenstein als Aloisia Maria Hasenbichler geboren und war bis zum siebenten Lebensjahr zweisprachig. Sie maturierte 1963 an der Handelsakademie Villach. Sie war Notariatsangestellte und Postbeamte. Sie ist jetzt Witwe und Mutter von vier Kindern.

Sie studierte in Klagenfurt Slowenisch. Ihre Diplomarbeit verfasste sie 2002 über das alte slowenische Passionsspiel aus ihrem Heimatort und ihre Doktorarbeit reichte sie 2008 über die Romanhelden bei Florjan Lipuš ein. Seither ist sie als Slowenischtrainerin und Schriftstellerin tätig.

2007 **Das Passionsspiel „Terplenje in smrt Jezusa Kristusa“, St. Stefan bei Finkenstein, 1931.** Hermagoras Verlag. Sponsor: Bundesministerium für Unterricht, Kunst und Kultur, Wien.

2010 **Lipušs Identitätenkarussell.** Verlag Re Di Roma.

2010 **klagen-fragen-plagen.** Gedichte, Verlag Re Di Roma.

2011 **Gott im Verstand, das Herz in der Hand.** Erzählungen, Verlag Re Di Roma.

2012 (2011) **Verurteilt zum Tod am Kreuz.** Verlag des Kärntner Landesarchivs. Sponsoren: Die Kärntner Sparkasse, Kärnten Kultur, Kärnten Kultur Volkskultur.

2015 **Geboren zum Leiden und Sterben.** Verlag Re Di Roma. Sponsor: Land Kärnten Kultur.

2016 **Die slowenische Sprache und Kultur in Kärnten.** Verlag Rediroma.

2016 **Die Finkensteiner Vulgonamen und der Barbara-Zyklus in St. Martin am Techelsberg.** Verlag Rediroma.

2017 **Elitarnost po Florjanu Lipušu.** Verlag Rediroma.

2017 **Elite-Kanon nach Florjan Lipuš**. Verlag Rediroma.

2018 **Slowenische Wortformen mit Anwendungsbeispielen.** Verlag Rediroma.

(2018) **France Kotnik und Romuald Pramberger.** Verlag Rediroma. Sponsor: Land Kärnten Kultur.